Les Traitres Démasqués, Ou Les Turpitudes D'officiers De Tout Rang, De Fonctionnaires Et De Hauts Personnages Dans Les Conspirations Orangistes De 1831...

Ferdinand Broglia

Bruxelles. — Imp. de Slingeneyer

LES

TRAITRES

DÉMASQUÉS,

OU

LES TURPITUDES D'OFFICIERS

DE TOUT RANG,

DE FONCTIONNAIRES ET DE HAUTS PERSONNAGES

dans les

CONSPIRATIONS ORANGISTES,

DE 1831,

PAR FERNAND.

DEUXIÈME ÉDITION.

En Vente:

CHEZ LES PRINCIPAUX LIBRAIRES.

1840.

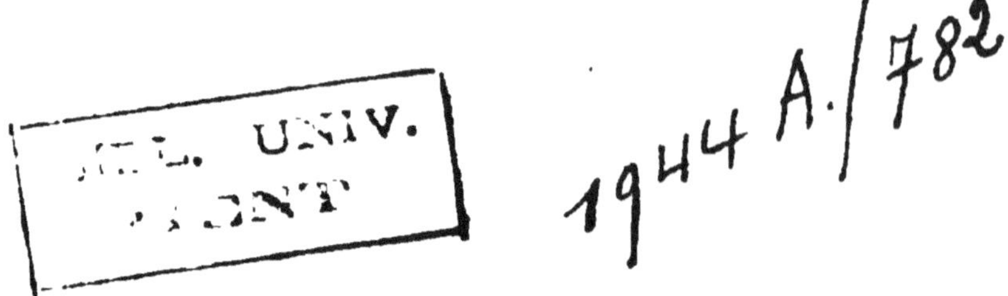

AU PUBLIC.

En démasquant les parjures, les traîtres qui ont voulu livrer la Belgique à tous les déchirements d'une guerre civile, à lui faire perdre le fruit de sa révolution et à lui imprimer une tache honteuse, l'auteur savait à quoi il se dévouait, et c'est parce qu'il le savait qu'il ne reculera devant aucun danger...

Il a voulu dégager les nuages qui enveloppaient les conjurations orangistes de 1831. Il a été secondé dans sa mission patriotique, par plusieurs personnes honorables qui lui ont fourni les notes authentiques et les matériaux nécessaires à la publication de cet opuscule.

Plusieurs lettres seront produites en cas de poursuites judiciaires. On a trouvé inutile de les publier ici, car elles ne font que relater à peu près la plupart des imputations, et ne pourraient que rendre inutilement cet ouvrage trop volumineux.

Loin de craindre un procès éclatant on le désire, Mais alors, il faut que l'on intente l'action judiciaire sur l'ensemble de l'ouvrage, que l'on ne subtilise pas par de futils prétextes l'administration des preuves par tous les moyens, ainsi qu'on l'a déjà fait pour faire condamner arbitrairement d'honorables et consciencieux écrivains.

Il faut que l'auteur soit admis à prouver ses imputations par toutes les voies légales... Alors, seulement alors, la nation jugera!

A peine la première édition de cet opuscule avait paru, que l'auteur a vu des lâches qu'il a dévoilés, donner des démentis à ses consciencieuses assertions, se tordre, bondir, hurler et menacer.

On a vu deux intrigants et histrions, soutenir qu'ils n'ont jamais été agents secrets. Comment expliqueront-ils alors la proposition de semblables emplois qu'ils firent, vers la fin de 1830, à deux citoyens qu'ils avaient mal jugés et qui refusèrent de se laisser enlacer dans leurs piéges?

Comment expliqueront-ils, qu'ils ont été au service d'un certain Malacord, ex-commandant de la garde-urbaine, qu'on ne doit pas confondre avec d'autres individus portant ce nom et dont plusieurs sont décédés?

Comment expliqueront-ils, certaine lettre trouvée au sujet de leur *honorable* service, et qu'on exhibera au besoin?

Un autre individu est venu prendre dans un journal, la défense de son *cher* oncle : Il a donné un *sanglant* démenti en son nom, avec un concert d'imprécations et de menaces contre l'auteur. Quelle fanfaronnade!

Le Journal d'Anvers s'est constitué le défenseur officieux des traîtres démasqués ; il s'est livré, à ce sujet, à toutes les imprécations, à tous les plats mensonges qu'on peut espérer d'âmes aussi viles et aussi vénales que celles des Caméléons, des ignares Tartufes politiques *Jouan* et *Pezeu*. Pauvres gens! On vous connaît beaux masques.....

Les menaces, les cris d'indignation, les démentis ne détruisent pas les imputations. La plupart des coupables ne se prétentend-ils pas toujours innocents?

Si l'auteur dévoile maintenant une trame dont les résultats auraient accumulé des maux innombrables sur notre patrie, s'il a attendu jusqu'aujourd'hui pour démasquer des hommes perfides, sans conscience, qui osent se draper hypocritement du manteau du patriotisme, c'est qu'il a pensé, que dans les circonstances politiques du pays, il est important que la nation connaisse ses amis comme ses ennemis.

I.

❦

En 1830, la Belgique présentait un spectacle aussi nouveau qu'imposant : les vieux édifices du pouvoir tyrannique s'écroulèrent avec fracas de toutes parts. C'était pour elle un jour de délivrance et un jour de fête pour l'humanité.

Pendant quinze longues années, notre belle patrie avait été condamnée, par les décrets de

I

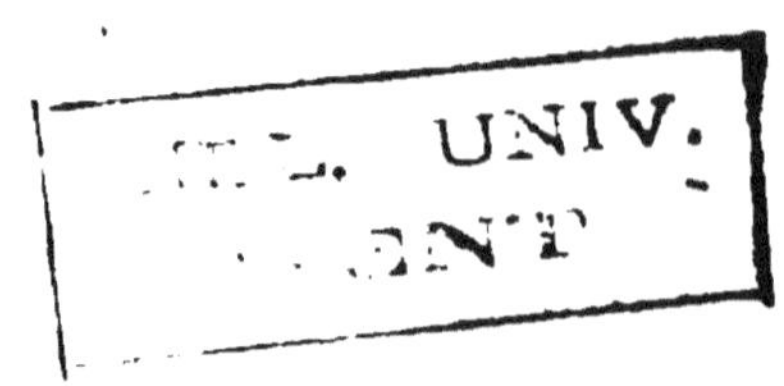

la sainte-Alliance, à une réunion forcée à la Hollande, sous le sceptre de Guillaume premier, l'indigne descendant du valeureux Nassau, combattant au 16e siècle, pour les Provinces-Unis, afin de les affranchir de la cruelle oppression de Philippe II, roi d'Espagne. Sous ce règne, une seule volonté dominait dans la Belgique et la Hollande : celle du roi des Pays-Bas, entouré de maladroits et de perfides conseillers. Sa souveraineté fut d'abord paternelle; il protégea le commerce et l'industrie, qu'il développa prodigieusement. Mais, s'il couvrit en partie d'une égide efficace les intérêts matériels des deux pays, il donna naissance à une foule de griefs, relativement aux intérêts moraux.

C'était une partialité criante des fonctions civiles et militaires, en faveur des Hollandais, au détriment des Belges;

C'était la destitution par le ministre de la Justice Van Maanen, des fonctionnaires libéraux ;

C'était la liberté de la Presse baillonnée, les écrivains traqués, persécutés;

C'était la liberté du langage violée, en exigeant l'usage exclusif dans tout le Royaume du hollandais, dans les affaires d'administration, de finance, de jurisprudence ;

C'était la liberté religieuse circonscrite, soumise arbitrairement aux caprices du Roi protestant ;

C'était la liberté d'enseignement monopolisée, par le gouvernement Néerlandais ;

C'était l'hospitalité violée, dans la personne des Fontans;

C'était, pour 19 provinces et des colonies, un énorme budjet ;

C'était le droit de mouture, droit écrasant, inique, fait pour ôter le pain au pauvre peuple ;

C'était le syndicat, où le Prince puisait de l'argent à discrétion ;

C'était protection absolue pour les Bataves, denis de justice pour les Belges ;

C'était pour les services honteux, à l'armée, dans les chambres, à la cour, et à la ville des pensions ;

C'était pour les dévoués, sinécures, cumul ;

C'était un impôt frappant les premières nécessités : le sel, la mouture, l'abattage ;

C'était un régime représentatif faussé, sans

responsabilité ministérielle, que Guillaume avait déclinée dans son fameux message du 11 décembre, et l'avait interprêtée à sa manière;

C'était que dans les deux chambres, les représentants n'y étaient pas en proportion de la population, envisagée dans sa généralité, c'est-à-dire que la Hollande, qui n'a qu'une population de deux millions, avait autant de députés que la Belgique, qui a quatre millions;

C'était un gouvernement arbitraire, inique, absolu, aux formes constitutionnelles.

Qui donc, en présence de faits aussi patents, peut contester la légitimité de la révolution de 1830?

Qui donc peut soutenir logiquement que la nation Belge a mal fait de secouer les chaînes, qui l'écrasait, en opposant, au despotisme Batave, cette énergie désespérée qui ne calcule ni les dangers de la résistance, ni les difficultés du succès?

Qui donc n'est convaincu que les Belges, ont usé tous les moyens de conciliation, par suppliques, réclamations légales, afin d'obtenir le redressement des griefs, et qu'ils n'ont recouru à la force qu'après une longue patience?

Oui, les Belges se sont montrés dignes de leur antique vaillance et de leur loyauté, en s'émancipant en 1830, en suivant l'exemple des Achéens, rempart vivant de la Grèce, et plus tard de ces Aduatiques, ces Eburons que Rome extermina, désespérant de les corrompre et de les asservir, en faisant ce que fit l'Helvétie, sous Gessler, et, à la fin du dernier siècle, le peuple d'Amérique, s'affranchissant de l'exploitation Anglaise, pour se constituer en une République, prouvant par là qu'un état peut être florissant, heureux, et dans une prospérité toujours croissante sans armée permanente et automatique, sans titre féodaux, sans aristocratie, sans dette publique, sans roi, sans liste civile, sans parti dominateur, sans tous les un et mille abus monarchiques et aristocratiques.

II.

Qu'il était beau de voir un peuple se lever comme un seul homme pour secouer le despotisme Néerlandais! c'était merveille de contempler cette organisation militaire des cohortes de volontaires qui combattirent vaillamment une forte armée ennemie, la mieux exercée d'après les règles de l'automatie, et qui la refoulèrent au-dessus des frontières hollandaises. Ces héros ne mirent un terme à leurs triomphes que lorsque la funeste influence étrangère parvint à circonvenir quelques hommes, alors placés au timon de l'état; que lorsque la félonie s'infiltra dans les rangs de plusieurs hommes du pouvoir.

C'est alors que l'ordre fut donné de suspendre les hostilités. Pourquoi? Pour donner à la Hollande les moyens de conserver ses deux positions capitales : la citadelle d'Anvers et la forteresse de Maestricht, pour que le gouvernement Néerlandais eût le temps nécessaire de réorganiser son armée. Sans cet armistice, en laissant nos phalanges guerrières poursuivre leur marche victorieuse, ces deux positions eussent été mises en notre possession, sinon par un siége régulier tout au moins par un blocus, ayant pour effet la reddiation par manque de vivres. On eût contraint la Hollande d'accepter une paix utile et honorable pour la Belgique.

Plusieurs patriotes prévoyant les conséquences funestes de l'armistice pour le salut du pays, et informés des intrigues de l'ennomi, signalèrent leurs griefs à des hommes du pouvoir.

Voici copie textuelle d'une lettre adressée, au mois de décembre 1830, simultanément à MM. d'Hoogvorst, Goblet, par un belge, ami de son pays.

« Dans l'état actuel des choses, où les en-
» nemis de notre émancipation s'agitent en
» sens divers, afin de nous susciter des retards,
» des embarras qui pourraient compromettre
» notre indépendance, il est du devoir de
» chaque citoyen d'éclairer le gouvernement
» à l'égard des sourdes menées qu'ils emploient
» pour ressaisir une proie qui leur échappe.

» L'armistice conclu est des plus funestes :
» elle laisse au pouvoir de l'ennemi deux si-
» tuations importantes au cœur du pays, que
» l'on permet de ravitailler ; elle fournit le
» temps au gouvernement Hollandais de réor-
» ganiser son armée débandée ; elle nous prive
» d'une paix honorable que nous pouvons ob-
» tenir par la valeur de nos soldats citoyens.

» Le roi Guillaume a fait venir clandestine-
» ment en Hollande des suisses, par l'inter-
» médiaire de l'envoyé Hollandais à Berne,

» qui s'abouche avec des officiers licenciés de
» France et des Pays-Bas, qui ont des ramifi-
» cations sur tous les points de la Suisse, à
» l'effet d'opérer le recrutement, moyennant
» une gratification qu'ils donnent à chaque
» homme qui est dirigé sur *Kirchen*, rendez-
» vous général, village à deux lieues de *Bâle*,
» Là, on leur délivre une feuille de route jus-
» qu'à *Mayence*, où le délégué Hollandais les
» fait embarquer pour *Nîmègue*, où chaque
» homme reçoit 100 florins d'engagement. C'est
» ainsi que des transports de 30, 40 et 50 hom-
» mes se succèdent rapidement, pour aller se
» confondre dans les rangs Hollandais. C'est
» encore de même que s'effectue le recrute-
» ment pour le roi Guillaume dans le grand
» Duché de Baden, les principautés de Hesse
» et Hesse Darmstadt. Ces renseignements
» m'ont été fournis par deux suisses arrivés à
» Liége. Après informations prises, j'ai vu
» leurs déclarations confirmées par d'autres
» personnes et par une feuille de route.

» Dans l'intérêt de ma patrie, je vous donne
» ces détails, espérant que vous ferez en sorte
» que les cohortes révolutionnaires aillent en

» avant. Il est temps de renoncer à l'armistice » et de faire ce que les circonstances exigent. »

Agréez, etc. M........

Étrange conduite politique de MM. d'Hoogvorst et Goblet! Ils ne voulurent écouter aucun sage conseil; la plupart de leurs collègues en firent autant. Si ce n'est pas là trahir les intérêts de la Belgique, au profit de l'ennemi, nous n'y comprenons plus rien.

Faible, tortueux, le despotisme effrayé de l'élan national, chercha par ses intrigues, par la séduction à ressaisir un pouvoir qu'il ne pouvait défendre. Déjà quand les premiers coups du tocsin révolutionnaire avaient retenti en Belgique, déjà dès nos premiers triomphes, il circonvint quelques hauts personnages qui portaient le masque du patriotisme, du dévouement, et qui n'attendaient que l'occasion favorable de nuire à la cause nationale par de sourdes menées, par des mesures qu'ils décoraient au besoin des noms perfides de nécessité politique.

Est-ce que, le 20 septembre 1830, alors que les Belges avaient besoin de combattre, d'Hoogvorst et Plaisant n'ont pas fait cacher des armes et des caisses de cocardes oranges en l'Hôtel-de-Ville de Bruxelles, tandis qu'ils soutenaient ne pas avoir d'armes à faire distribuer? Le peuple ne fut-il pas instruit de l'existence de ce dépôt, et alors ne s'y transporta-t-il pas en foule, où il trouva dans un grenier six caisses de fusils de chasse, une de pistolets de luxe et une autre de cocardes oranges, et dans une salle basse cent sabres de grosse cavalerie?

MM. d'Hoogvorst et Plaisant, membres de la commission de sûreté publique, ne violèrent-ils pas leurs devoirs en trompant le peuple, qui avait besoin d'armes, afin de faciliter par là le triomphe des troupes hollandaises?

Ces hommes à la tête du pouvoir ne furent-ils pas entraînés par le flot populaire, et ne nuirent-ils pas toujours sourdement et machiavéeliquement à la cause de la Belgique?

Plus loin, nous démontrerons que d'Hoogvorst et Plaisant n'ont jamais été que de faux patriotes.

Malgré la défaite honteuse de l'armée Hollandaise, l'ambitieuse famille des Nassau ne désespera point de parvenir enfin à une restauration, au moyen de trahisons. Peu de temps après la conclusion de l'armistice, le Prince d'Orange crut utile d'aller intriguer à Londres. Il eut plusieurs visites avec M. Van de Weyer, ambassadeur Belge, auprès du gouvernement Britannique. Ce petit Avocat et Journaliste de Louvain, que la révolution Belge trouva sur la route de Valenciennes, pâle suant la peur, et qui revint après le danger passé pour devenir un diplomate, fut informé par les ambassadeurs étrangers à Londres, qui l'honoraient parfois d'un moment d'entretien, que sitôt la défaite de la propagande révolutionnaire, le premier soin des souverains serait de s'en tenir à l'exécution des traités de 1815, et de rendre la Belgique au *maître*, que lui avait imposé la Sainte-Alliance ; il pensa qu'il était prudent de se ménager pour ses offres de services, un appui futur auprès du Prince d'Orange. Entre mille protestations de dévouement qu'il lui fit, on doit remarquer surtout l'assurance qu'il osa lui donner de ses efforts pour le faire proclamer roi des Belges..........

Nous ne dirons pas que M. Van de Weyer, ait été gagné par l'or, car nous n'en avons pas la preuve matérielle, mais nous demanderons quelle fut alors la source de cette rapide fortune, et par quel moyen il parvint à se créer, en si peu de temps, un avenir qu'il n'aurait jamais osé espérer dans ses rêves d'ambition les plus délirants? Comment celui qui était aux expédiens au mois d'août 1830, eut-il pu, au mois de décembre suivant, être propriétaire d'une des plus belles librairies de Londres, placer des fonds sur la banque d'Angleterre, faire des spéculations de bourse, et pour des millions d'opérations commerciales en un seul jour, si le prix de sa coupable complaisance envers les cours du Nord, n'était venu lui en donner les moyens?

Rappelé au congrès pour rendre compte de sa conduite, et de l'état des négociations, il reçut avant d'abandonner Londres, des instructions de celui dont il admirait à si juste titre l'indicible pénétration, et l'exquise amabilité.—

Ces instructions étaient: de bercer le congrès par de fallacieuses promesses, de lui faire voir, comme prochaine, la solution de nos affaires, de porter le ministère à céder sur les points dont l'opposition pourrait se faire un argument futur contre le gouvernement, en un mot, de travailler à enlacer adroitement la Belgique, dans cet immense réseau de mystifications, où nous avons perdu l'honneur national et l'estime de l'Europe.

Instruit, comme il l'était, des dispositions hostiles des envoyés des puissances envers notre révolution, n'était-il pas de son devoir, à lui envoyé d'un peuple libre, d'en instruire le congrès, au lieu de lui inspirer une fausse confiance, qui devait un jour nous devenir si fatale?....

La politique faible, incertaine de la plupart des hommes du gouvernement provisoire, leur indifférence de défendre le principe révolutionnaire contre les menées des hommes hostiles à sa révolution; le *statu quo*, en fatiguant la nation, portait une atteinte funeste à la fortune publique; les déceptions de quelques ambitieux rapaces, qui ne voyaient dans un fait aussi grave que la révolution, qu'une mine à exploiter; les espérances que nourrissaient la faiblesse et l'inaction du gouvernement, toutes ces causes réunies provoquèrent et amenèrent l'attentat du 2 février 1831 à Gand, qui, s'il eut réussi, plongeait la Belgique dans un abime de malheurs.

Les éléments d'une contre-révolution étaient tout prêts, il ne manquait plus qu'une main hardie qui se chargeât de les mettre en œuvre. La mine n'attendait pour éclater que l'étincelle. Elle ne se fit pas attendre.

Les nombreux agents que le prince d'Orange entretenait en Belgique, et qui, par mille moyens, tâchaient d'aigrir les esprits contre l'ordre des choses existant, parvinrent à force d'or, de promesses, à circonvenir le colonel Ernest Grégoire, ex-médecin, puis marchand tailleur, se croyant lesé par le gouvernement Belge. C'était l'homme nécessaire pour être chef de parti ; ses connaissances lui assuraient une supériorité marquée sur beaucoup d'hommes qui, comme lui, devaient leur élévation aux barricades. Ambitieux à la tête ardente, aux passions fougueuses, c'était l'homme aux coups de main, qui joue sa tête et compromet le sort d'un état par cupidité et pour le plaisir de se donner quelques émotions fiévreuses.

Les conspirateurs étaient en deux classes : les uns devaient commencer par se mettre franchement à la tête du mouvement anti-révolutionnaire, tels étaient au 2 février Grégoire, de Bast ; au mois de mars Vandersmissen et consors; les autres devaient laisser faire, et, en cas de premiers succès des audacieux, se ranger de suite de leur côté.

Les officiers supérieurs Duvivier, Wauthier, d'Hane, Charles d'Hane, Goblet, Goethals, l'Olivier, Vandenzanden, Zentis, autrement dit Xantis, étaient dans la seconde catégorie. Ils n'attendaient qu'un premier succès de Grégoire pour se prononcer à l'instant *ouvertement.*

III.

Le 2 février 1831, vers les huit heures du matin, le général Duvivier fut averti du départ d'Ernest Grégoire, à la tête de son bataillon, et du mouvement combiné avec d'autres chefs de l'armée, qu'il opérerait sur Gand, pour y faire proclamer le prince d'Orange.

Le général Duvivier qui disposait d'une

garnison de 4,000 hommes et d'une artillerie considérable, ne prit aucune disposition pour repousser une attaque. Sans prévenir le commandant de la place, sans informer les chefs des différents postes du danger dont la ville était menacée, il se borna à faire aller son collègue Wauthier au devant de Grégoire...

Tout autre général, dans une position semblable, n'eut pas hésité à s'adresser aux soldats et à déclarer leur chef traître à la patrie, en leur ordonnant, au nom de la loi, de l'arrêter. Ils l'eussent fait, car il est prouvé, qu'à l'exception des officiers supérieurs, les officiers et soldats n'étaient point dans la confidence; ils obéissaient passivement: d'ailleurs, la voix d'un général parlant au nom de la patrie n'a jamais été méconnue des soldats.

Ce fut une entrée triomphale pour le corps de Grégoire; le général marchait en tête. Arrivé à la porte de Bruges, le poste était sous les armes, le chef demande au général s'il doit fermer la porte, Wauthier lui *ordonne de rentrer* au corps-de-garde, quand il eût été encore temps, pour prévenir le désastre, de faire tourner le pont, d'engager au besoin une fusillade avec les assaillants, et de faire arrêter d'Origny comme traître.

Grégoire entre hardiment à la tête de son corps, se dirigeant vers le gouvernement, en criant *vive le prince d'Orange*, et jetant au peuple étonné de tant d'audace, quelques pièces d'argent, ramassées aux cris de *vive la Belgique*.

De tous ceux qui devaient appuyer sa trahison, il n'en vit aucun; tous attendaient l'événement.

Alors Wauthier retourne auprès de Duvivier. Au lieu d'agir en hommes d'honneur et de résolution, ils laissent le champ libre à Grégoire, qui s'avance au pas de charge vers l'hôtel du gouvernement.

Un adjudant de place se présente à la caserne des pompiers; le commandant était à son dîner : on ne l'avait point encore informé de ce qui se tramait, quoiqu'on fût prévenu depuis huit heures du matin. On accourt chez lui; il arrive, et près de la caserne il rencontre le commandant de place, qui lui ordonne de se poster à la *porte de Bruges* avec ses hommes et son artillerie, lui recommandant de passer par des rues détournées et par la *coupure* pour y arriver, attendu qu'il vient d'être informé que Grégoire faisait un mouvement anti-national sur la ville.

Le commandant de place qui n'ignorait pas la présence de Grégoire, ses desseins et sa marche sur l'hôtel du gouvernement, éloigne ainsi le seul moyen de résistance dont on put disposer, et le dirige par le chemin le plus long vers le point déjà envahi !

Pendant ces pourparlers, les troupes assemblées dans la plaine de St.-Pierre attendaient l'arme au bras. L'adjudant de place ordonne de chercher des cartouches et donne un bon. On va à la citadelle ; autre embarras, les clefs ne se trouvent point, on cherche vainement ; elles se retrouvent enfin, quand on menace d'enfoncer la porte.

Par un hasard inoui, deux fiacres passent devant la caserne des pompiers ; le capitaine les arrête, détèle les chevaux, les atèle à ses canons, et se dispose à exécuter l'ordre du commandant de la place, en se rendant directement au poste assigné, lorsqu'il aperçoit au bout de la rue, un peleton de Grégoire, commandé par Debast, se dirigeant au pas de charge sur la caserne. Soldat d'exécution, son premier mouvement fut de fermer la porte de son quartier, de donner l'ordre à ses hommes de se placer aux fenêtres, pour faire feu au besoin, en même temps il fait charger à mitraille une pièce de canon.

Debast voyant que son coup de main sur la caserne des pompiers était manqué, poursuit sa marche vers le gouvernement, où déjà Grégoire était arrivé.

Le poste des pompiers avait été envahi par sa troupe, Un homme se détache pour prévenir le capitaine de ce fait, et de l'envahissement de l'hôtel par les soldats de Grégoire. Aussitôt Vandepoele se met en marche avec ses deux pièces d'artillerie et soixante-dix hommes qu'il avait sous la main. Il s'avance au pas de course par la petite rue du gouvernement, et se trouve en bataille à quarante pas du corps de Grégoire. Le major Vandepoele juge qu'il n'a pas un moment à perdre : il demande au chef de peloton, Félix Morren, jeune officier gantois, plein de courage et d'énergie, de quel droit et par quel ordre il avait envahi ce poste. Celui-ci répond que c'est par ordre de son colonel. M. Vandepoele le somme de se retirer, le prévenant que, s'il hésitait, il allait le mitrailler.

Pendant ce temps, Grégoire paraît, et s'avance près du major, qui lui demande quel est son dessein.

Il y va de votre intérêt, de votre vie, répond Grégoire, *tout le monde est d'accord, vous allez recevoir l'ordre du général Duvivier. Nous allons proclamer le prince d'Orange*. Le major Vandepoele ordonne au lieutenant Rolliers de se rendre auprès du gouverneur, pour prendre ses instructions, déclarant à Grégoire, qu'il répondait sur sa tête de cet officier.

Parvenu dans le cabinet de M. De Lamberts, Rolliers, accompagné de Félix Morren, qui avait le pistolet au poing, lui demande si son intention était que la troupe de Grégoire occupât son hôtel, et que le drapeau orange y fut arboré ? M. le gouverneur lui répondit *que tout ce qui se passait était le résultat de la violence, appuyée par la trahison ; qu'il ne reconnaissait point le prince d'Orange, mais seulement le gouvernemeut provisoire, de qui il tenait son mandat.*

Rolliers demande alors à M. le gouverneur si l'on pouvait employer la force pour faire évacuer son hôtel et pour maintenir son autorité méconnue par Grégoire. JE VOUS L'ORDONNE fut sa réponse. Arrivé auprès de son capitaine, il lui rendait compte du résultat de sa mission, lorsqu'une balle ennemie vint tuer le pompier placé entr'eux, et immédiatement trois coups de fusil tirés des rangs de Grégoire, blessèrent grièvement trois pompiers.

Le commandant ordonne alors à ses cannonniers d'ouvrir leur feu, appuyant ce commandement d'un feu de peloton, et faisant retirer ses pièces pour les recharger, il avance son deuxième peloton pour les soutenir.

Les soldats de Grégoire se débandent, mais ceux qui occupaient l'hôtel ouvrent leur feu par les croisées. Alors le commandant Vandepoele, à la tête de ses deux pelotons, se dirige au pas de charge sur l'hôtel du gouverneur, s'en rend maître, et fait soixante-six prisonniers. Quarante-six hommes furent tués et blessés dans cette rencontre.

Le corps de Grégoire n'existait plus. Depuis une heure et demie, M. Vandepoele était maître de l'hôtel du gouvernement, sans qu'il eût encore aperçu un seul homme de la garnison, chef ou soldat ; cependant la fusillade avait été assez vive.

Grégoire, avec les débris de son bataillon, passa par le *Kauter*, sans être plus troublé dans son mouvement de retraite, qu'il ne l'avait été dans sa marche triomphale vers le gouvernement. Le colonel l'Olivier attendait, sur la place de St.-Pierre, l'issue de l'affaire et la décision définitive des généraux sur la proposition directe qu'il avait faite au général Wauthier.

Le colonel Constant d'Hane, commandant le 2e régiment de chasseurs à cheval, et aujourd'hui général et aide-de-camp de Sa Majesté le Roi, se trouvait au *Café des Arcades*, au moment de l'attaque de Grégoire ; il déjeûnait pendant qu'on se fusillait, attendant aussi sans doute, l'issue de l'affaire pour agir, ainsi que ses soldats qu'il avait fait consigner au quartier. Cette indifférence, dans un moment où l'ordre public était attaqué à main armée, comment l'expliquer? Au premier coup de fusil ne devait-il pas accourir à son quartier, faire monter ses hommes à cheval, y attendre des ordres, ou mieux encore, à l'exemple du commandant des pompiers, prendre l'initiative dans l'intérêt de la cause qu'il servait et qu'on attaquait traîtreusement? Car il est de règle parmi les militaires, que l'on doit se porter au canon, quand on ne reçoit point d'ordre.

Mais non, le colonel, en sortant du café, se rend chez lui pour attendre les ordres qu'on devait donner, au cas où Grégoire réussirait. Si quelques-uns de ses hommes se sont joints aux pompiers, c'est parce que ces braves, indignés du rôle qu'on leur faisait jouer, forcèrent la consigne.

Ainsi, le colonel d'Hane se tenait probablement tranquille parce que, d'après ce qu'il entendait, les chances de l'attaque lui paraissaient douteuses.

Le corps franc, commandé par son frère, qui devait appuyer Grégoire, attendait des ordres pour agir en cas de succès.

L'Olivier, qui, *dès sept heures du matin*, avait *endoctriné* ses officiers et mis la caisse du régiment en sûreté, était prêt à se mettre à la tête de son corps, pour appuyer le mouvement orangiste.

Pour les généraux, ils restèrent inactifs avant, pendant et après le conflit.

Le commandant de la place s'était renfermé dans la citadelle. Chacun attendait l'événement.

Quelques coups de fusil se faisaient encore entendre, quand le général Duvivier se montra sur le *Kauter*, après être resté inactif depuis huit heures du matin. Ce n'est que plus d'une heure après que la victoire fut décidée en faveur des défenseurs de la cause nationale, qu'il envoya un peloton en reconnaissance vers l'hôtel du gouvernement.

Un fait d'armes digne de M. Duvivier mérite d'être consigné ici: quelques ouvriers avaient désarmé et conduit prisonniers au corps-de-garde de la place, plusieurs soldats de Grégoire. Paisibles spectateurs, ces ouvriers attendaient l'issue définitive de cette affaire, lorsque tout-à-coup M. Duvivier, et son aide-de-camp, s'élancent furieux sur ces braves gens, qu'ils assaillent de coups de plat de sabre, sans doute pour les punir de leur dévouement à la patrie !

Grégoire fuyait ; il était du devoir d'un général, de faire monter à cheval au moins un escadron de chasseurs, et de le diriger sur le corps de Grégoire, avec ordre d'arrêter ce traître ; il n'en fut rien. Grégoire arriva tranquillement à Eccloo, où il fut arrêté par les patriotes de cette ville.

Pendant que l'affaire de Grégoire avait lieu à Gand, une autre scène se passait à Watervliet, entre le major de La Haye, actuellement colonel du 5e régiment de ligne, et des Hollandais. Un officier supérieur Hollandais était venu à Watervliet : de La Haye, et quelques officiers allèrent au devant de lui, l'embrassèrent et allèrent boire du vin, en signe de réconciliation nationale, et en espérant au succès de Grégoire.

Chose remarquable ! Le 2 février 1831, aucun piquet n'avait été commandé. Cependant, jusqu'alors le 7e de ligne fournissait 3 piquets, l'un sur la place d'Armes, un autre à la place des Recolets et un troisième de 100 hommes et 3 officiers qui restaient à la Citadelle, les armes en faisceaux, jusqu'à 9 ou 10 heures du soir.

Nous avons relaté froidement, sans passion aucune, le tissu de trahison et de félonie auquel coopérèrent des officiers-généraux, dont la présence dans les rangs de l'armée semble être à la fois un encouragement à la trahison et un brevet d'impunité pour ceux qui marcheraient sur leurs traces.

Nous demandons à tout homme de bonne foi, si la culpabilité des Duvivier, des d'Hane, des Wauthier, des l'Olivier, n'est pas suffisamment prouvée.

Nous demandons, si le devoir d'un général fidèle et dévoué n'était pas, alors qu'il connaissait ces noirs desseins, de les déjouer par tous les moyens que sa position lui permettait d'employer.

Toutefois, la conduite du général Duvivier fut conséquente : il était juste que celui qui fit couler à Mons le sang belge, pour soutenir le trône croulant de Guillaume, favorisât de tous ses moyens les tentatives ayant pour but le retour d'un prince exclu par le vœu national.

IV.

Après l'avènement de M. Surlet de Chokier à la régence de la Belgique, et que le moment était là où le congrès était appelé à remplir l'importante mission de confier à un souverain le bonheur de la patrie, la garde de ses institutions et de ses lois, la famille des Nassau, de concert avec le gouvernement britannique,

3.

mirent tout en œuvre pour profiter de la faiblesse des uns, de la cupidité des autres, afin d'organiser une conspiration tendant à restaurer le royaume des Pays-Bas.

Les Nassau furent mus par l'ambition. Le gouvernement Anglais, craignant alors de ne pas pouvoir exploiter la Belgique selon ses vues, et qu'elle ne devint, sinon réunie à la France, au moins sous l'influence de cette colossale puissance, y voulut *à tout prix*, la restauration, et par là le rétablissement du traité de Vienne dans son intégrité.

Lord Ponsomby se chargea d'intriguer selon les circonstances. L'ambassadeur anglais sonda le régent sur la possibilité d'une restauration du prince d'Orange et l'ayant trouvé de tous points favorable à ses projets, il s'expliqua plus ouvertement.

Le régent se laissa circonvenir, convoqua ses affidés et leur déclara, qu'après le refus du trône de la Belgique par le roi Louis Philippe, au nom du duc de Nemours, *il ne restait d'autre parti à prendre que d'élire le prince d'Orange....*

On songea à l'intrigue, pour le faire monter

sur le trône au moyen de conjurations et de roueries.

Une vaste conspiration, ayant des ramifications partout, fut nouée. Anvers fut choisie comme lieu central de la conjuration.

Le gouvernement Hollandais fit intriguer aussi pour parvenir à circonvenir les personnages les plus importants du pays.

On tenta vainement auprès du général, marquis de Chasteleer, de le faire entrer dans le complot. Alors, le sieur Goubau, ex-ministre des cultes sous Guillaume, et ancien ami de M. de Chasteleer, lui écrivit la lettre suivante, religieusement conservée et dont l'original est en possession d'un officier supérieur de l'armée Belge, qu'il s'engage de remettre au besoin entre nos mains :

« Mon cher marquis,

« C'est du salut du pays que l'on s'occupe, » mais non de son malheur. Coopérer à la » restauration des Nassau en Belgique c'est » agir en patriote. Mettez-donc de côté vos ap- » préhensions. Songez que la tranquillité de » votre patrie dépend du succès de notre en- » treprise. Ce qu'il nous importe avant tout

» c'est de nous entourer d'hommes influents » comme vous *pour rencontrer dans tous les* » *endroits du pays le moins d'obstacles dans* » *l'accomplissement de notre entreprise.* C'est » à cette fin que l'on s'est assuré de votre » ami le baron d'Hoogvorst, des généraux » Vandermissen, Duvivier, Wauthier, Goblet, » Dufailly, Nypels et d'une foule d'autres offi- » ciers et fonctionnaires publics. On en cir- » convient encore d'autres. Si vous croyez ne » pas devoir vous compromettre attendez les » événements, pour agir après quelques triom- » phes; mais dans notre intérêt, comme dans » celui de votre pays, évitez autant que pos- » sible votre coopération dans une guerre ci- » vile contre nous. Comptant sur votre loyale » discrétion, je reste votre dévoué : »

GOUBAU.

Cette lettre porte la date du 20 mars 1831. Le marquis de Chasteleer se rendit aussitôt chez le régent, et lui fit part de ce qu'il savait. Surlet de Chokier le rassura, en lui déclarant qu'il allait faire prendre des mesures pour faire agir contre les ennemis du pays..., mais il exigea de la discrétion.

Quelle hypocrisie !... Il était l'un des principaux conspirateurs, et c'est à lui qu'on s'adressait pour déjouer les trames infernales des ennemis de la Belgique! quelle déception!!...

Le palais du régent ne fut plus qu'un foyer de conspirations, et tandis qu'il prodiguait des assurances de son dévouement à la cause du peuple, il laissait machiner sourdement la perfide trame qui eut pour but de livrer la patrie aux réactions haineuses d'une restauration en la faisant passer par tous les sanglants conflits d'une guerre civile.

Les conspirateurs étaient dans divers endroits du pays, pour agir selon les événements. Les principaux personnages qui y trempèrent furent Goblet, d'Hane de Steenhuyze, Charles d'Hane, les frères Nypels, Van der Smissen, De Muelenaere, Dufailly Duvivier, Wauthier, Goethals, d'Hoogvorst, Plaisant, Legrelle, Wellens. Les nommés Duchâtel, De Kock, Geelhand, De Caters circonvinrent une foule de personnages. Les uns par faiblesse, les autres par cupidité. Des agents de second rang, de l'espèce de Van Aken, de Lacoste, de Moll, de Krauss et de Visscher avaient été dirigés en plusieurs contrées : le succès de leur mission était assuré.

On parvint à entraîner en seconde ligne dans cette conjuration, Tabor, le comte G. de Berlemont, Greindl, Hamesse, Deis, Ramackers, l'Olivier, De Zentis, Dubois, Timmerhans, Boutmy, le baron de Steenhaut, Raikem, Janssens, Périn, Van Dormael, Van Gammeren, etc.

Il fut convenu que Vandersmissen, gouverneur militaire de la Province d'Anvers, serait l'âme du complot ; que les autres complices attendraient ses premiers mouvements contre-révolutionnaires.

Toutes les instructions jugées nécessaires étaient données pour assurer l'exécution d'un projet qui paraissait certain, dirigé qu'il était par les principaux chefs de l'armée révolutionnaire, appuyé au besoin par le général hollandais Chassé et sa garnison, alors maîtres de la citadelle d'Anvers, avec lequel Vandersmissen eût des conférences ; l'or y était déposé. Il ne s'agissait plus maintenant, pour les chefs qui étaient lâchement vendus, que de gagner les chefs de corps et les principaux officiers. Là seulement commence la difficulté de l'entreprise. Les hommes de la moralité de ceux que nous avons nommées plus haut peuvent s'acheter sans difficulté ; ils appartiennent au plus offrant et au dernier enchérisseur, mais seuls ils ne pouvaient rien.

Vandersmissen, comme le plus résolu et l'âme du complot, fit convoquer les colonels des régiments, les commandants des batteries. Il fut décidé que dans cette réunion il commencerait pour les décider, par mettre en avant l'intérêt personnel, les faveurs dont ils seraient l'objet s'ils favorisaient la restauration du prince d'Orange, dont, *selon lui*, la magnificence était connue, dont l'attachement aux Belges était devenu proverbial ; et, pour décider les timides, on supposerait un grand mouvement coordonné avec le leur, partant de Liége, de l'armée de la Meuse, pour se réunir à Bruxelles où tout était préparé pour l'ovation de Guillaume, après avoir reçu dans leurs rangs les lanciers de Malines. Ce plan ainsi arrêté et convenu entre les conspirateurs, l'exécution en fût fixée au 25 mars 1831, parce qu'il fallait s'environner de toutes les précautions nécessaires pour ne point échouer comme avait fait Grégoire par trop de précipitation.

Le parti, impatient de voir la réussite d'un projet sur lequel il fondait ses dernières espérances, ne put se contenir d'aise. Il y avait eu des indiscrets, et ce jour, le 25 mars 1831, les capitaines d'artillerie Eenens et de Ryckholt, informés les premiers qu'il s'ourdissait une conspiration contre la sûreté de l'état, à laquelle prenaient part les généraux commandant la ville d'Anvers, ils en firent part de suite au major de l'Eau, qui habitait la même maison. Ces trois officiers, dévoués à la révolution, s'empressèrent de prendre toutes les mesures de précaution qu'exigeaient les circonstances difficiles dans lesquelles ils se trouvaient, pour déjouer les projets des traîtres, et pour prévenir la réussite du mouvement qui paraissait arrêté par les généraux Nypels, Vandersmissen et consors.

La première démarche qui fut arrêtée entr'eux eut pour objet d'envoyer le capitaine Eenens à l'arsenal et au magasin à poudre, à l'effet de s'assurer de la fidélité des postes établis sur ces points importants. Rassurés sur cette première démarche, les capitaines Eenens et Ryckholt se rendirent au quartier ; là, ils firent seller et harnacher les chevaux, prêts à les atteler aux pièces, en même temps qu'ils consignèrent leurs hommes pour en disposer au besoin. Ces dispositions prises, ils attendirent l'événement avec tranquillité.

Pendant que ces deux officiers disposaient ainsi et leur monde et leurs pièces, en s'assurant des postes principaux, le major de l'Eau, de son côté, ne restait point inactif. Il se rendit auprès de son colonel pour l'instruire de ce qui se préparait en ville ; il fit plus : un officier fut expédié au colonel Lescaille, commandant la brigade d'Hoogstraeten, et au major Duchesne, commandant la légion belge parisienne dont un bataillon occupait Merxem, (cet officier est maintenant capitaine au 2e régiment de lanciers), dont la mission était de les engager à se tenir sur leurs gardes, dans le cas où, un mouvement combiné avec les Hollandais, venant à s'opérer dans la ville, leur concours serait jugé nécessaire, les invi-

4

tant dans ce cas à se joindre à leurs troupes pour comprimer les traîtres, se reposant sur leur patriotisme et sur leur dévouement connu à la cause de la révolution.

Le colonel de Lescaille envoya de suite un de ses agents auprès de ces trois officiers, pour les assurer de sa coopération, puisqu'il s'agissait de déjouer les projets contre-révolutionnaires du prince d'Orange, dont ils lui faisaient part.

Le major Duchesne répondit qu'*on pouvait compter sur lui, de même que sur son bataillon, pour soutenir l'artillerie; qu'ils combattraient jusqu'à la mort pour défendre le pays contre les attaques des traîtres qui voulaient rappeler une dynastie à jamais proscrite par la représentation nationale.*

Toutes ces dispositions avaient été prises avec tant de précautions et d'habileté que les chefs du parti contre-révolutionnaire n'eurent aucune connaissance de ce qui se passait.

Le temps pressait. La crainte que leurs projets ne fussent découverts avant que toutes leurs dispositions ne fussent assurées, décida les généraux Nypels et Vandersmissen à convoquer, entre une et deux heures de l'après-midi de ce même jour 25 mars, tous les officiers supérieurs de la garnison, au palais à la place de Meir, où ils logeaient; ils s'y rendirent au nombre de 19 à 20. Il est à remarquer que le colonel Tabor, commandant le 1er régiment et actuellement général de brigade, sortait de chez le général Vandersmissen comme ils entraient. Son air sombre, embarrassé, indiquait assez que déjà il était dans la confidence du complot. . . . .

Ces officiers réunis, ayant à leur tête les colonels Clump et Coitin, le général Vandersmissen, qui s'était chargé de porter la parole, s'exprima en ces termes : « Messieurs, nous » vous avons réunis auprès de nous, à l'effet » de vous faire une communication impor» tante, ayant pour objet le bonheur de la » patrie et d'assurer son avenir; nous osons » compter sur votre coopération à l'accom» plissement du vœu général de la Belgique » qui, pour éviter l'anarchie dont nous sommes » menacés, depuis si longtemps, appelle à l'hon» neur de la gouverner le prince d'Orange, » dont vous connaissez tous les sentiments

» particuliers qu'il a toujours manifestés à l'é-
» gard des Belges. Déjà la garde civique et les
» troupes de la garnison de Bruxelles, leurs
» chefs en tête, et d'accord avec toutes les no-
» tabilités de la capitale, ont proclamé le prince
» roi des Belges.

» Le général Daine, à la tête de sa divi-
» sion, suivi de 25,000 Liégeois, marche sur
» Bruxelles pour appuyer cet acte de la vo-
» lonté nationale : en conséquence, le géné-
» ral Nypels et moi, nous attendons du patrio-
» tisme des chefs de corps de la division et de
» la garnison d'Anvers, qu'ils se mettront im-
» médiatément en route pour se rendre à
» Bruxelles, afin de coopérer au succès de
» cette glorieuse entreprise ; la garnison de
» Malines étant déjà à cheval, elle nous at-
» tend. Il ajouta que l'argent ne manquerait
» point, qu'il était informé qu'il y avait dans
» la citadelle une somme de *seize millions* des-
» tinés à récompenser ceux qui seconderaient
» le mouvement ; que, si cette somme n'était
» pas suffisante, il pourrait au besoin s'en pro-
» curer en ville une plus forte ; et, s'adressant
» au colonel Clump, commandant le 4e régi-

» ment il lui dit : colonel, si vous doutez de la » vérité de ce que j'avance, je vais vous don» ner un sauf-conduit pour vous rendre à la » citadelle, où vous pourrez vérifier et vous » assurer par vous-même que les sommes spé» cifiées ci-dessus s'y trouvent en effet dépo» sées, et à votre disposition, messieurs. »

Le félon Vandersmissen allait continuer lorsque le colonel Clump, justement indigné de tant d'audace, l'interrompit brusquement pour lui signifier qu'*il ne voulait avoir rien de commun avec les ennemis de son pays ; que ce ne serait que l'épée à la main qu'il voulait les rencontrer ; que, la sûreté de la ville d'Anvers étant confiée au 4e régiment, il ne manquerait point à l'honneur et à ses devoirs envers la patrie*. Le lieutenant-colonel Coitin, commandant le 1er régiment de ligne, s'avança ensuite, et, pénétré de la plus noble indignation par rapport à la proposition que l'audacieux Vandersmissen venait de lui faire, il s'exprima en ces termes : *Jamais je n'agirai dans l'intérêt d'un homme repoussé par la nation, et loin de me prêter à l'exécution de projets semblables, mon bras, mon régiment dont je connais la dévouement au nouvel ordre de choses sont prêts à repousser par la force toute tentative, tout mouvement traîteusement organisé pour renverser le gouvernement établi par la nation.* Les majors Maas, de l'artillerie, et de l'Eau, du 4e d'infanterie, s'exprimèrent dans le même sens. Le colonel Tabor qui était évidemment du complot, comme nous l'avons dit plus haut, mais qui était rentré pendant la séance, *ne dit mot :* Son adjudant-major, M. Greindl, prit la parole pour proposer d'adresser une réclamation au congrès, *ayant* pour objet d'*exiger le rapport immédiat de la loi, par laquelle la famille des Nassau est exclue à perpétuité du trône de la Belgique ;* par *ce moyen,* disait-il, *nous nous mettrons à couvert de tout événement possible.....* » Quelle hypocrisie ! quel prétexte !

Cette proposition aussi inconvenante que répréhensible provoqua l'indignation générale, et fut le signal d'une vive discussion entre son auteur et un des officiers présents à ces débats honteux ; une rencontre eut lieu entre eux ; la fidélité triompha, la trahison fut vaincue dès ce moment.

Les deux généraux trompés dans leurs espérances étaient fort en peine. L'hypocrite général Nypels, qui s'était effacé devant l'orateur Vandersmissen, plus intrigant, plus résolu que lui, s'avança alors, parce qu'il comprit qu'il était perdu s'ils échouaient, et croyant en imposer aux hommes qu'ils avaient si mal jugés, en insinuant que le gouvernement était d'accord pour proclamer le prince d'Orange, il sortit de son portefeuille une lettre qu'il venait de recevoir de son frère le colonel, devenu général-directeur du personnel de la guerre, par laquelle il lui annonçait que *le mouvement n'était pas aussi avancé qu'il l'avait prévu, qu'en conséquence il l'invitait à suspendre l'exécution de leurs projets jusqu'à ce qu'il leur fît parvenir d'autres nouvelles* : il annonçait encore que *le colonel Borremans venait d'être arrêté*. L'opposition inattendue que les traitres venaient de rencontrer, le peu d'effet qu'avait produit sur l'esprit des officiers supérieurs, commandant les divers corps, *Tabor excepté*, la communication de Nypels, la proposition de Vandersmissen, la discussion entre de l'Eau et Greindl, l'expression des sentiments généreux et patriotiques, que les colonels Clump et Coitin avaient manifestés, toutes ces considérations décidèrent ces perfides et lâches agents de la restauration à exiger du moins de ces officiers le secret sur ce qui venait de se passer : aucun ne promit, tant leur indignation était grande.

A la sortie de cet infâme conciliabule, les officiers, dont l'indignation était encore accrue de la lâcheté des chefs du complot, remarquèrent que plusieurs négociants de la ville, tels que De Caters, Ellerman, Geelhand, furent introduits auprès d'eux ; ils vinrent sans doute connaître l'issue de l'odieuse tentative des agents secondaires du prince d'Orange, afin d'agir de leur côté pour en assurer le succès.

Il est bon de faire remarquer ici, pour être exact dans l'exposé des faits, que d'abord les colonels Clump et Coitin s'étaient rendus les premiers chez Vandersmissen ; qu'ils descendirent tous trois chez le général Nypels, où ils rencontrèrent Duchâtel *l'agent direct* du prince d'Orange, Tabor et Hardy, qui étaient encore en conférence.

Je prends la suite des événements :

Malgré l'espèce de déconfiture qu'ils venaient d'éprouver, nos généraux ne se tinrent point pour battus complétement : il leur restait une autre tentative à faire, laquelle devait leur réussir un peu moins ; ils ne pouvaient reculer, ils l'essayèrent en désespoir de cause.

Ils firent donc appeler les deux capitaines d'artillerie, Eenens et Ryckholt, pour tâcher de les entraîner dans leur atroce et lâche projet. Mais on sait déjà qu'ils ne pouvaient pas plus réussir auprès de ceux-ci qu'ils n'avaient réussi auprès des officiers supérieurs.

C'est alors, et lorsque les choses en étaient là, que le major de l'Eau et les deux capitaines, dont le doute à l'égard de leurs prévisions relatives au complot venait de se changer en certitude, résolurent d'arrêter ces deux généraux pour les conduire à Bruxelles. Ils eurent la faiblesse d'en parler à un des officiers supérieurs, présent à la réunion, lequel recula devant l'exécution d'une mesure qui était d'une haute sagesse, mais qui probablement n'aurait produit aucun résultat, puisqu'aujourd'hui il est démontré que les principaux membres du gouvernement trempaient dans le complot; et c'est alors qu'ils convinrent entr'eux que le capitaine Ryckholt se rendrait à Bruxelles, auprès du régent, *qu'ils croyaient l'homme de la nation*, pour l'informer de ce qui se tramait à Anvers, pour le rassurer sur les intentions de l'armée, pour lui faire part des mesures de sûreté prises de commun accord pour conserver la ville.

L'incertitude, la pusillanimité, compagnes inséparables de la félonie, étaient l'âme du gouvernement de déplorable mémoire; mais n'osant reculer, compromis sans nul doute qu'il était, au lieu d'agir avec vigueur en faisant arrêter immédiatement les traîtres, qu'il aurait voulu sauver à tout prix; mais ne voulant pas s'exposer aux reproches souvent acerbes de la société patriotique qui heureusement veillait de près sur ses démarches depuis l'arrestation de Borremans, le régent ordonna tout simplement et froidement le remplacement des traîtres par les généraux Lehardy de Beaulieu et Dufailly.

En passant à Malines, le capitaine Ryckholt avait prévenu le colonel Plétinx de ce qui se passait à Anvers, mais celui-ci, aussi vigilant, aussi patriote que celui-là, avait de son côté découvert la trâme ourdie dans son régiment et par ses soins elle avait été déjouée complétement. On connaît les détails et le résultat de cette épisode de la conspiration d'Anvers, par ce qu'en ont publié les journaux du temps et par le procès du lieutenant-colonel Edeline qui, malgré son acquittement, n'est pas moins considéré par les patriotes comme coupable d'avoir pris part à un mouvement contre-révolutionnaire en faveur du prince d'Orange. La tache subsistera toujours : elle est douce pour le colonel qui n'a pas moins reçu tous les mois ses appointements. Le trésor compte beaucoup de sinécuristes de cette espèce qui mangent tranquillement chez eux le prix des services des braves.

Les félons ont-ils été punis exemplairement? Non; comme dans l'affaire de Grégoire, ils sont restés impunis. Des poursuites ont été exercées, il est vrai, contre les Grégoire, les De Bast, les Édeline, mais le gouvernement d'alors complice de toutes les machinations anti-nationales les *a fait* acquitter, quoique les preuves fussent évidentes. Goblet a fourni à Vandersmissen le temps et les moyens de quitter la Belgique ; celui-ci alla prendre son refuge à l'étranger, et la Haute-Cour militaire le condamna par coutumace, le 29 novembre 1831, *pour la forme*, à la déchéance militaire et au bannissement du territoire par un arrêt dont voici l'extrait textuel :

Nous LÉOPOLD PREMIER, Roi des Belges, à tous présents et à venir savoir, faisons :

La haute-cour de justice militaire, séant à Bruxelles, a rendu l'arrêt suivant :

Entre

L'auditeur général, d'une part,

Et

Le général Vandersmissen, ex-commandant militaire de la province d'Anvers, fugitif, d'autre part.

La Cour,

Vu les pièces du procès ;

Vu les conclusions de M. l'auditeur-général,

à charge dudit général Vandersmissen, lesquelles sont conçues en ces termes :

« Attendu qu'il est constant que Vandersmissen, général ex-commandant de la province d'Anvers, ayant participé à un complot formé par des agents étrangers et des ennemis de la Belgique, tendant à renverser le gouvernement établi et faire monter le prince d'Orange sur le trône, a fait, le 25 mars dernier, au major d'artillerie Maes, qu'il avait fait appeler chez lui et aux capitaines Eenens et De Ryckholdt, qu'il avait réunis dans la même vue, des propositions tendantes à les faire entrer dans ledit complot ;

» Attendu que ces mêmes propositions ont été renouvelées par ledit général, le même jour 25, aux colonels Klump, Coitin et autres officiers.

» Que ce jour 25, après qu'on avait reçu des nouvelles de Bruxelles, établissant que tout ce qui avait été avancé par Vandersmissen, pour séduire les officiers de la garnison d'Anvers et les engager à agir dans le sens vers lequel il les poussait, et auquel tendaient ses propositions, était faux, il s'est encore écrié que la garde-civique et le peuple de Bruxelles se prononçant pour le prince d'Orange, il était de leur devoir de les seconder.

» Fait positivement établis au procès, et qui constituent de la part de Vandersmissen, à l'égard de ces officiers des propositions qui avaient pour but de les faire entrer dans un complot dans lequel auraient aussi été entraînés tous les officiers de la garnison d'Anvers, et par suite duquel ils auraient marché sur Bruxelles et auraient, si le projet avait réussi, renversé le gouvernement existant en Belgique ;

» Attendu que ledit général Vandersmissen, poursuivi de ce chef, a pris la fuite et est encore latitant;

» Attendu que les formalités prescrite par le code d'instruction militaire, en cas de fuite d'un militaire, ont été remplies à son égard sans qu'il se soit représenté, bien qu'il ait été cité à comparaître devant la cour, les 27 mai, 15 juillet, 2 septembre et 21 octobre 1831 :

« L'auditeur susdit :

« Vu l'art. 200 du code d'instruction précité, et sans préjudice de toute autre conclusion qu'il pourrait prendre au cas que ledit Vandersmissen se représentât ;

« Demande que par arrêt de la cour, il soit déclaré déchu du rang militaire dont il est revêtu, banni du territoire de l'état, et condamné aux frais et dépens causés jusqu'à ce jour par suite de l'action intentée contre lui.

» Attendu que toutes les formalités prescrites par le code de procédure pour l'armée de terre, au titre 2 : chapitre VIII, articles 189, 190, 192, 193, 194, 195, 196, 197, 198, 199, pour le cas où un militaire fugitif se trouve poursuivi, ont été remplies à l'égard du susdit général, et qu'il ne s'est pas représenté, quoiqu'il ait été cité par exploits d'huissier dûment dénoncés, et publiés au son du tambour, à comparaître devant la cour, le 27 mai, 15 juillet, 2 septembre et 21 octobre 1831 ;

Par ces motifs :

L'auditeur-général entendu dans l'exposé de l'affaire et dans son réquisitoire ;

Lecture donnée à l'audience par le greffier de toutes les pièces de la procédure ;

Vu les rapports, mandats d'arrêt et de comparution assignations et les autres pièces justificatives ;

Vu les articles ci-dessus cités, dont lecture est donnée à l'audience, ainsi que l'art. 200 du code de procédure susdit, portant :

Lorsque le conseil de guerre aura trouvé les rapports et les autres pièces justificatives en ordre, il déclarera l'ajourné et ré-ajourné déchu de sa charge militaire, et il bannira du territoire de l'état, condamnant ledit accusé aux frais causés jusqu'au jour actuel, tant par sa coutumace que par les accusations intentées contre lui. »

Faisant droit,

Déclare le prédit général Vandersmissen déchu du rang militaire dont il est revêtu, le bannit du territoire de l'État, et le condamne aux frais de la procédure.

Ainsi jugé par la Haute-Cour de justice militaire et prononcé en audience publique, le vingt neuf novembre mil huit cent trente un. Présents : MM. Vannuffel président, De Donckier, De Kerchove, De Mercx, généraux de brigade, Biourge et De Reine, tous conseillers, et Bosch, greffier.

La Haute-Cour de justice militaire,

Signé, J. F. VANNUFFEL, *président*.

Par ordonnance: *Signé*, BOSCH, *Greffier*.

C'est un arrêt illusoire! un arrêt pour la forme!

Pourquoi donc n'a-t-on pas fait punir sérieusement les conspirateurs? Parce qu'on voulait leur silence, parce qu'ils avaient intérêt à se soutenir après la défaite.

Ces officiers, indignes de porter les insignes de leur rang, ces ingrats dont l'âme a été séduite par l'or de l'ennemi, ont ourdi les moyens de rendre notre patrie abjecte, d'anéantir sa nationalité, de détruire nos garanties constitutionnelles, de faire descendre de leur position tous ces milliers de braves militaires et fonctionnaires coupables du *crime* de loyauté, de fidélité et de dévouement pour les plonger dans des prisons, ou pour les transporter aux Indes hollandaises, comme a fait faire le cruel et fourbe empereur de Russie,

Nicolas, avec les héroïques défenseurs de la malheureuse Pologne dont, depuis 9 ans, des milliers de citoyens sont exilés, et la plupart gémissent dans les fers, au milieu de cette sauvage et déserte Sybérie.

Ces hommes dont l'âme vénale, séduite par une poignée d'or, a tenté d'avilir, d'écraser leur patrie, ces brocanteurs d'honneur et de conscience, sont *aujourd'hui* investis d'emplois plus brillants que ceux qu'ils occupaient avant leur coupable attentat. On semble avoir senti qu'il n'y aurait pas assez d'épaulettes, de rubans et de croix pour cacher aux yeux, leurs traîtreuses souillures. Jugez !!!

Le colonel Tabor, qui attendait pour agir les premiers succès de Vandersmissen, parce qu'il était moins résolu que lui, ainsi que plusieurs autres conspirateurs, le colonel Tabor, qui avait pris des engagements avec l'émissaire Duchâtel, avec lequel il avait été en conférence, fut nommé général de brigade et décoré.

Le major Stiénon, du 4me de ligne, dont la prudence s'est fait remarquer dans cette occasion, par une retraite adroite, afin de ne point se compromettre vis-à-vis de l'un ou de l'autre parti triomphant, a été élevé en grade et créé chevalier de l'ordre de Léopold.

Les généraux Duvivier, Wauthier, les principaux complices, ont été élevés en grade et décorés. Coghen était dans la confidence du complot et alla trouver quelques hommes influents pour appuyer le mouvement orangiste, et il a été ministre des finances.

L'adjudant-major Greindl fut nommé major aide-de-camp du général Goethals; ensuite il est devenu chef d'état-major de la 4me division, commandée par le général Daine; maintenant il commande le 6me régiment de ligne et est décoré. Brave 6me régiment! Fallait-il remplacer à votre tête le loyal, le courageux Polis qui refusa, en 1830, d'exécuter l'ordre qui lui fut donné de tirer sur le peuple de Bruges, dans la journée du 26 septembre 1830, et qui depuis, s'est constamment distingué par son patriotisme, sa justice, fallait-il remplacer ce brave, que la tombe a trop tôt séparé de vous et de la patrie, par un Greindl, par cette âme vénale, par ce vaniteux despote?....

Le lieutenant-colonel Hamesse, chef d'état-major du général Nypels, coupable au premier chef de participation au complot, car il avait la pensée de son général qu'il dirigeait, fut bien mis en non-activité pour la forme, mais bientôt on l'a vu passer colonel chef d'état-major de la première division commandée par l'homme de Gand, le général Duvivier. Si l'armée eût dû marcher contre le prince d'Orange, que pouvait espérer le pays du concours réuni de deux hommes si ouvertement compromis dans les complots de Gand et d'Anvers? Pauvre Belgique! par quelles épreuves les *habiles* t'ont-ils fait passer?

Le major Deis, aide-de-camp du général Nypels, fut replacé de suite comme lieutenant-colonel, commandant le 3e régiment, encore qu'il fût convaincu d'avoir pris une part active au complot.

Un nommé Lefebvre, Français d'origine, sous-lieutenant de volontaires et en cette qualité employé au bureau du général Mellinet lorsqu'il était à Anvers, renvoyé depuis par ce général, remplissait auprès du général Vandersmissen les fonctions d'aide-de-camp; il accompagna son général dans sa fuite en Hollande, en Allemagne et en France. Quelques mois après cette fuite, il rentra en Belgique ; sous le ministère de Brouckère, il fut nommé CAPITAINE d'artillerie de première classe, *aide-de-camp* de l'inspecteur général de cette arme. Cependant, ce Lefebvre n'avait jamais servi ; ses titres à la confiance de la révolution, je viens de les exposer avec la plus exacte vérité.

Le major Ramaekers, commandant la place d'Anvers, fut mis en non-activité, parce qu'il fut prouvé qu'outre la participation directe qu'il avait prise au complot, il s'était rendu à la citadelle d'Anvers, en compagnie d'un négociant de cette ville, M. de Cock, dans le but de s'entendre avec le général Chassé sur les conditions d'après lesquelles la remise de la place s'opérerait. Plus tard ce Ramaekers a été élevé en grade et décoré!!!...

Le parti anti-national comptait si bien sur le succès de la conjuration, qu'il avait déjà dressé une liste pour un banquet monstre que l'on aurait donné à Bruxelles après le triomphe. L'agent du prince d'Orange, Duchâtel, avait une liste de ceux que l'on devait inviter; elle a été trouvée par un officier dans l'appartement occupé par Vandersmissen à Anvers, le lendemain de sa fuite. Il a été reconnu que la liste est de l'écriture de Duchâtel.

On voit que l'on a compté trop vite sur la perte de la nationalité belge.

Les félons avaient mal fait leur plan: ils n'avaient bâti que des châteaux en Espagne.

Continuons à faire connaître comment les infâmes ont été récompensés:

Le colonel Van den Zande reçut la croix de Léopold, et se posa effrontément en toute circonstance l'ennemi des patriotes belges, qui étaient sous son autorité tyrannique.

Le frère du général Nypels, le même qui écrivit la lettre dont nous avons parlé plus haut, pour *arrêter le mouvement attendu que l'affaire n'etait pas encore assez avancée* à Bruxelles, a été aussi élevé au généralat, appelé à la direction du personnel de l'armée, et ce fut par son crédit, appuyé d'ailleurs par de Muelenaere, Raikem, Coghen et par le fuyard de Louvain, Goblet, que les conspirateurs disgraciés un moment ont été successivement replacés avantageusement.

Le roué de Muelenaere, l'approbateur servile

du message du 11 décembre comme procureur du roi à Bruges, devait faire une proclamation au peuple, en faveur du prince d'Orange, mais il attendit pour la publier, les premiers succès du mouvement anti-national. De Muelenaere a été ministre et est actuellement gouverneur décoré et le confident de Léopold. Il a longtemps correspondu avec le prince d'Orange, auquel il donna tous les détails sur les secrets d'état ; il paralysa toujours autant que *possible* tout élan patriotique.

Soyons juste de dire, que dans sa vie privée, De Muelenaere est irréprochable, et qu'il a beaucoup de talent, comme orateur et jurisconsulte. Il est déplorable qu'un homme d'un semblable mérite se soit fourvoyé.

Boutmy, alors lieutenant colonel du 2me de chasseurs à cheval, s'est laissé entraîner par *conviction*... Il a été assez imprudent de déclarer en 1831, à quelques-uns de ses officiers subalternes, qu'il ferait *tout* ce qui lui serait personnellement possible, pour le retour de la famille d'Orange.

Delport, alors dans le 7me régiment, a eu la faiblesse de caractère d'écouter les perfides conseils de l'Olivier. Il est devenu lieutenant colonel ! !.....

Raikem attendit le succès de la félonie pour être utile à Guillaume. Il était destiné à la présidence du conseil des troubles. Ce Raikem, ancien avocat au barreau de Liége, *daigna*, le lendemain de la révolution, accepter l'une des premières places de sa province. Il se laissa jeter sur les épaules une robe de procureur-général, ce qui l'amena successivement à la vice-présidence du congrès national, à la présidence de la chambre des représentants, et au ministère de la justice. Raikem a le caractère pervers, inique, vindicatif, est un orateur abrupte et sans élégance, mais qui ne manque pas d'une certaine clarté.

C'est lui qui a contresigné l'arrêté d'amnistie de Vandersmissen, qu'il a défendu dans la chambre, et craint personnellement qu'il ne purge sa coutumace, à cause de ses révélations.

Goblet a été l'un des principaux complices des conspirations de Gand et d'Anvers.

Ce couard Goblet, après avoir forfait à l'honneur au su et au vu de tout le pays, a été ministre, puis ambassadeur et est maintenant ministre d'état, inspecteur général des fortifications et du corps du génie, aide-de-camp du roi et décoré de l'ordre Léopold. Ce Goblet a eu des correspondences avec Vandersmissen au sujet de la conspiration, et a employé son crédit, son influence pour étouffer les débats contradictoires devant la haute-cour militaire. Pour sa coopération au complot, il a reçu 250,000 florins à titre d'avances et la promesse de devénir ministre directeur de la guerre.

Honorable corps du génie! voilà l'homme que l'on a placé à votre tête? Jugez sa vénalité et l'abjection de son caractère!!!...

Le général Dufailly, l'un des conspirateurs dans l'affaire d'Anvers, a été ministre de la guerre, et porte la croix des braves. C'est sous son administration que la débacle de Louvain, due en partie à la trahison, a eu lieu; il a tout mis en œuvre pour faire triompher l'ennemi...

Le général Dufailly avait concouru à l'attaque de Bruxelles, à la tête des colonnes hollandaises, et il n'a jamais caché sa haine pour la révolution...

Isidore Plaisant a trempé dans toutes les conjurations orangistes. Il savait si bien masquer ses intrigues !... Il accepta du gouvernement provisoire, sous le canon de l'ennemi, les fonctions d'administrateur-général de la police secrète. Il exerça ces fonctions plutôt pour le compte du gouvernement hollandais que pour sa patrie. Tous les jours, il adressa un rapport à La Haye. . .

Plaisant fut l'un de ceux qui firent cacher, en l'hôtel de ville de Bruxelles, des armes, de la poudre, et des caisses de cocardes d'Orange. Le 20 septembre 1830, quand le peuple eût découvert ce dépôt, il fit entendre les cris : *On veut nous trahir*, et beaucoup d'hommes exaspérés allèrent partout à la recherche *du mauvais* Plaisant ; mais heureusement pour lui qu'il avait jugé à propos de prendre le large.

Plaisant organisa sourdement des manœuvres frauduleuses, pour compromettre de braves et loyaux défenseurs du pays. . . . .

Il intrigua tant et si bien qu'il démoralisa beaucoup de patriotes, tendit des piéges à quelques-uns dans lesquels leur bonnefoi les fit tomber. Il serait trop long d'entrer dans des détails. Traître au pays, magistrat inique, voilà les titres par lesquels on doit saluer le nom d'Isidore Plaisant !

Le baron Emmanuel d'Hoogvorst s'est toujours couvert du manteau du patriotisme, quoi qu'il ne soit autre chose qu'un dévoué au prince d'Orange.

Pour être juste, nous devons dire que d'Hoogvorst n'a pas conspiré par avidité. Partisan fanatique des Nassau, il a toujours compté sur leur retour certain en Belgique. Comme membre du gouvernement provisoire, comme général en chef des gardes-civiques du royaume, comme par ses rapports avec le rouage gouvernemental il a toujours été en correspondance secrète avec le prince d'Orange; il lui a fait part de nos secrets d'état, il a usé de tous ses moyens pour nuire au succès de la cause nationale. C'est lui qui, en septembre 1830, avait fait cacher des cocardes, des armes à l'Hôtel-de-ville de Bruxelles, et pour cause; c'est lui qui se prononça si hypocritement au gouvernement provisoire contre la marche triomphante de la révolution, en faisant arrêter l'élan patriotique de nos révolutionnaires devant Maestricht et aux frontières hollandaises; c'est lui qui, lorsque les valeureux liégeois sont arrivés, en septembre 1830, à

Bruxelles pour seconder le mouvement révolutionnaire, engagea avec instance deux des chefs de retourner à Liége, en prétextant que là on serait plus utile qu'à Bruxelles, ce qu'ils refusèrent de faire ; c'est lui qui trempa dans la conspiration de Vandersmissen et n'osa agir qu'en cas de succès de celui-ci. Il s'était engagé de faire une proclamation, en faveur du prince d'Orange, aux gardes-civiques du royaume, d'employer son influence et son pouvoir pour coopérer au triomphe complet de l'ennemi en Belgique.

Legrelle, maintenant bourgmestre d'Anvers et alors député, l'ennemi déclaré des révolutionnaires, ainsi qu'il l'avoua un jour à la chambre, s'était engagé, en cas de premier succès, de faire une proclamation aux habitants d'Anvers, pour maintenir le bon ordre, pour vanter les *vertus* des ennemis de la Belgique, et de faire coopérer les agents de l'autorité municipale pour la tranquillité publique. La proclamation était déjà imprimée chez Jouan.

Legrelle avait aussi reçu 200,000 florins pour être distribués au peuple, au nom du prince d'Orange, afin d'empêcher par la corruption toute tentative révolutionnaire.

Le comte de Berlaimont, alors gouverneur militaire de la province de Liége, s'était lié envers l'agent du prince d'Orange Geelhand, de seconder le mouvement de Vandersmissen, quand celui-ci lui aurait déjà prouvé un espoir de triompher *complétement*. Sans cette condition, il ne voulait pas se compromettre. Néanmoins, il a toujours sourdement intrigué pour nuire à la cause de la révolution.

Quand, dans le mois de septembre 1830, les Hollandais étaient encore maîtres de la citadelle de Liége, ce fut lui qui voulût tolérer de la ravitailler, mais les patriotes s'y opposèrent formellement, en s'emparant des voitures chargées de vivres.

Xantis, autrement dit de Zontis de Kaymerson, a constamment joué un rôle indigne d'un officier d'honneur.

Au lieu de refuser d'agir contre ses concitoyens, au moment de la révolution, ainsi que le firent ses compagnons d'armes, MM. Leboutte, Godeurne etc., on le vit, dans les rangs hollandais, commander le feu. La cause révolutionnaire triomphante, on vit Xantis être placé sous le commandement du colonel Grégoire, en qualité de major.

Il attendit les premiers triomphes de la bande de Grégoire sur Gand, dont il avait promis de faire partie; mais au jour de l'expédition il prétexta une indisposition. Quelle couardise!

De Zentis entra secrètement dans la ramification de Vandersmissen, où il avait son rôle tracé. Quelque temps après, le major Xantis, dit de Zentis, reçut les épaulettes de lieutenant-colonel et le commandement du premier régiment de chasseurs.

Quelques mois après, Xantis fût promu au grade de colonel en chef, décoré, et devint plus tard chef du personnel au ministère de la guerre. En cette qualité, il n'a guère manqué de donner des preuves irrécusables de l'abjection de son caractère. Plusieurs officiers patriotes furent sacrifiés à sa basse vengeance.

Le baron de Steenhaut, ex-agent du syndicat, a eu connaissance des complots de Gand et d'Anvers et avait sa mission de conduite, selon les événements. Ce Steenhaut qui a été gouverneur du Luxembourg, s'est opposé, en 1830, de tout son pouvoir, au développement de la révolution, alors que les volontaires de Bruxelles se présentèrent pour soutenir les patriotes que lui et ses adhérents essayaient de comprimer.

Le colonel l'Olivier, jadis major au 15me *afdeeling* à Anvers, cette espèce de matamore, qui n'a jamais craint d'avouer hautement sa participation au complot, a été promu au rang de général de brigade. Ce l'Olivier n'a cessé de correspondre avec les agents orangistes. Il écrivait au général Chassé, gouverneur de la citadelle d'Anvers, par l'entremise de la maison de Moretus van Cols, à Hoboken.

Citons des traits de l'Olivier, lorsqu'il commandait le 7me régiment de ligne. Il ne cessa de vexer des officiers patriotes de son corps, et un jour il se permit de dire qu'il ne pouvait souffrir les hommes de la révolution ; que, si cela dépendait de lui, il n'y en aurait pas un seul dans l'armée.

D'Hane de Steenhuyze, quoique l'un des principaux conspirateurs de Gand et d'Anvers, depuis ministre de la guerre, est devenu ensuite aide-de-camp du Roi et chef de la police secrète de l'armée.

Il faut que nous fassions apprécier le caractère de ce misérable, sans entrailles d'époux et de père, abandonnant son épouse et son fils légitime.

Il est un de ces hommes qui, après avoir passé par toutes les filières, a acquis ce tact, cette rouerie, commune aux ambitieux; qui n'ayant pas assez de capacité pour parvenir par leur propre mérite, acceptent tous les emplois qu'on leur désigne, tels que ces saltimbanques, qui remplissent cinq ou six rôles différents d'imitation dans une seule parade, faute d'avoir du talent, et qui par des contorsions de servitude, par des caresses de supplications, par des simulations de dévouement, par des genuflexions, par des baise-pieds, vous tendent le plateau à votre pitié pour recevoir leur rétribution.

Rien ne le décourage : il affronte le mépris comme les difficultés; il se repose sur le temps et sa patience; sa maxime est celle que l'on voit sur un jeu d'enfant.

C'est un de ces instruments qui ploient et ne rompent jamais, qui se courbent jusqu'à joindre les deux bouts, et qui se redressent comme une flèche, tant ils sont souples.

Le comte D'Hane, était sous l'empire un chaud bonapartiste; mais, manquant de bravoure et de capacité pour parvenir, sa naissance seule lui valut les épaulettes. A la débâcle, il a ôté sa cocarde pour celle de Guillaume, dont il fut un zélé partisan jusqu'à la révolution qu'il fit semblant d'embrasser avec frénésie, de concert avec le parti catholique qu'il abandonna, pour se fourvoyer dans les conspirations orangistes. Ensuite, jusqu'à ce jour, il est le très-obéissant serviteur de Léopold en attendant; il a *gagné* à son service les épaulettes de général, le titre de grand écuyer, il a passé par le ministère de la guerre; mais trop nul, il est retombé dans l'*écurie,* d'où il s'est enfin accroché à la direction de la police secrète.

Aujourd'hui, espionnant ses amis d'hier, il n'a pu acquérir aucune considération ni estime, malgré tous ses oripaux et ses titres.

Sans être bon à rien il se fait propre à tout; son seul mérite est celui de la grâce des manières, et de l'affabilité polie du langage; c'est une transformation de ces marquis de l'ancien régime. Les femmes conviennent que c'est un homme charmant, les hommes que c'est un homme poli et aimable, on est presque tenté de lui croire de l'esprit.

Si le comte D'Hane aimait la vertu chez une femme, ce serait un lovelace dangereux pour les familles honnêtes; mais la nature, toujours juste dans ses compensations, ne lui a donné que le plaisir des sens : il a fait choix dans le corps de ballet d'une courtisanne lascive, et c'est mis sous sa férule avec toute la bonhomie d'un vieux roué de la régence.

Aucun homme mieux que lui ne sait cacher son caractère vindicatif et entêté sous une voix mielleuse; il vous parlera avec onction et la haine dans le cœur : il a le caractère du jésuite, le masque du courtisan, le cœur d'un débauché; c'est un triste amalgame. Il serait un bon pour voyeur d'un parc auxcerfs; et, au pis aller, une bonne aubaine pour le grand tu-c, qui en ferait un eunuque.

V.

Maintenant, quand on songe sur le mérite des combinaisons employées pour élever la restauration sur les débris sanglants de la révolution, on est forcé de convenir que la pl upart des conspirateurs étaient loin d'être à la hauteur du rôle qu'on voulait leur faire jouer. A l'exception des audacieux Grégoire, Debast

Vandersmissen, d'Origny, Édeline, ils furent ou trop lâches ou trop stupides pour faire réussir une conspiration; il fallait un ensemble de mouvements énergiques; mais on n'y rencontre pas de Sylla. En pareille occurrence, il faut savoir s'exposer par tous les moyens, même au baptême des balles, mais non descendre dans les caves, pour attendre les premiers succès.

Quel déplorable état de choses! Sous les ministères De Brouckère, Évain, Wilmar, sous l'administration de ces despotes, de ces fonctionnaires iniques, les étrangers, les favoris, les dévoués, les serviles, les plats courtisans s'élevèrent. Pour eux les honneurs, les dignités, la finance, les hauts grades; pour les patriotes, pour les colonnes sur lesquelles a constamment appuyé le salut de la patrie, que vexations, injustices, proscriptions. L'ostracisme a été connu comme à Sparte: à la tête des listes on lit: Mellinet, Niellon, de l'Eau, de Saegher, Hardy de Beaulieu, de Mahieu, Boulanger, Van Brussel, Black, Charlier, Laurent, la plupart mis hors d'activité de service.

Une foule d'officiers, dévoués à la cause de

la révolution belge, qui ne devaient leur position qu'à leur bravoure et à leur loyauté, ont été , *sauf des exceptions*, les uns descendus ignominieusement d'un grade, d'autres mis partie en demi-solde, partie en disponibilité; d'autres illégalement démissionnés, sans jugement; d'autres privés d'un avancement mérité.....

En vrais vautours, les hommes du lendemain venaient disputer à l'aigle sa chasse périlleuse. Insolents après le combat, ils abreuvaient d'injustices et de dégoûts des braves à qui l'air des antichambres donnait des nausées, et le patrimoine des braves de septembre fut en partie dévolu à une horde d'intrus.

Et c'est un gouvernement qui s'intitule Belge qui a consacré ce régime odieux! — dérision et pitié!

Nous nous indignons, quand nous songeons à l'état prospère qui était réservé à la Belgique, si une bonne direction avait été imprimée à sa révolution.

Si la diplomatie n'eût pas exposé notre patrie aux camouflets de la conférence;

Si l'on n'eût pas mécontenté les patriotes

Si l'on eût eu le courage de donner le signal de la guerre, pour venger l'honneur national ;

Si l'on n'eût pas remis à la diplomatie le soin de nos affaires, et surtout si l'on eût mieux choisi les diplomates ;

Si l'on eût indistinctement fait un exemple terrible des traîtres, au lieu de les favoriser ;

Si l'on eût vu dans la révolution belge autre chose qu'une poignée d'or à voler et un pays à exploiter ;

Enfin, si nos hommes d'état eussent eu du sens commun et du patriotisme, la Belgique ne verrait pas deux provinces livrées à la Hollande, une dette énorme à sa charge et ses lois violées.

Avilie par la diplomatie, exploitée par l'étranger, les institutions constitutionnelles méconnues, le commerce et l'industrie dans un état de déclin, surchargée d'impôts, ayant en partie pour hauts fonctionnaires et officiers généraux des nullités, avides, ignares, parvenus par les glorieux événements de septembre, et qui ont été assez vils, assez ingrats de tenter de trahir leur pays, voilà la situation précaire de la malheureuse Belgique.

VI.

Après la conclusion de l'odieux traité de paix avec la Hollande, Vandersmissen voulut rentrer dans son pays, et être réintégré dans les cadres de l'armée. Alors grand émoi dans le camp des félons. *Que faire ?*

Ou faire purger l'arrêt de coutumace de Vandersmissen en le soumettant à une épreuve judiciaire, ou l'amnistier et le réintégrer dans les cadres de l'armée. Dans le premier cas, on craignit le scandale, et qu'à l'aide de correspondances et autres pièces il ne vint à compromettre beaucoup de personnages éminents. Dans le second, on ne risqua que de commettre une illégalité. On préfera ce dernier moyen.

Alors par arrêté royal, en date du 15 juillet, sur l'avis des violateurs des lois : Raikem, de Theux, Desmaisières, Willmar et Nothomb, l'ex-général Vandersmissen fut amnistié et réintégré avec son grade dans l'armée belge.

Cet arrêté provoqua un cri général d'indignation dans le pays. La chambre qui devait voter les fonds pour Vandersmissen, les refusa, dans la séance du 14 mars dernier, à la majorité de 42 voix contre 38. Le ministère de Theux fut renversé aux acclamations du pays, et malgré quel ques nouvelles intrigues pour se tenir cramponné au timon de l'état, il dut se résigner au sort qu'il n'avait que trop bien mérité depuis longtemps par ses partialités, par ses injustices, par sa condescendance envers l'étranger, par ses violations des lois, par ses ignobles persécutions envers les citoyens indépendants, dévoués de corps et d'âme à la nationalité belge.

Il faut que la nation retienne les noms de ceux qui ont voté pour la félonie. Les voici :

PARTISANS DE LA TRAHISON :

Coghen (complice des traîtres),
David,
De Behr,
De Florisonne,
De Garcia,
Demonceau,
F. de Mérode,
W. de Mérode,
Deman,
De Sécus,
Desmaisières,
De Terbecq,
De Theux,
Bernard Dubus,
Éloy,
Hye Hoys,
Mast de Vries,
Metz,
Milcamps,
Morel d'Anhell,
Nothomb,
Peeters,
Pirmez,
Polfvliet,
Raikem (type des judas.)
Schyven,
Smits,
Ullens,
Van den Hove,
Van der Steen,
Van der Belen,
Van Volxem,
Vilain XIIII,
Wallaert (le curé).
Wilmar,
Zoude,
Cogels,
Fallon.

ENNEMIS DES JUDAS:

Angelis,
Brabant,
De Meer de Maersel,
De Potter,
De Renesse,
De Roo,
Devaux,
De Villegas,
Duvivier,
Fleussu,
Jadot,
Kervyn,
Lange,
Lebeau,
Delfosse,
Lys,
Maertens,
Manilius,
Mercier,
Pirson,
D'Hoffschmidt,
D'Huart,
Doignon,
Dolez,
Dubois,
Dubus aîné,
Dumont,
Dumortier,
Puissant,
Rodenbach,
Rogier,
Séron,
Sigard,
Thienpont
Troye,
Van Cutsem,
Van den Bossche,
Verhaegen,
De Decker.

Ce vote de la chambre, quoique seulement rendu à une majorité de 4 voix, a eu de l'écho dans l'opinion publique qui l'a accueilli avec joie, avec des sentiments du plus pur élan de patriotisme.

Il y a eu en Belgique presque unanimité pour flétrir la conduite du ministère.

Jamais aussi il n'avait pris une mesure plus monstrueusement illégale, où l'ignorance, où le mépris des convenances et des règles les plus élémentaires du droit public, aient été poussés plus loin dans leur dernier retranchement ; jamais aussi le ministère n'avait tenu moins compte des sentiments patriotiques des Belges.

Le gouvernement n'avait pas le droit de soustraire Vandersmissen à ses juges naturels. En se constituant prisonnier, il n'est plus *condamné*, il redevient *prévenu*. Selon l'article 476 du code d'instruction criminelle, les poursuites judiciaires doivent recommencer dans la forme ordinaire. Ainsi, le contumax arrêté ou constitué prisonnier *doit* subir une nouvelle procédure. L'arrêté qui en dispense Vandersmissen est donc clairement illégal.

Personne n'a contesté au Roi le droit de grâce et d'amnistie, ou de commuer les peines, mais la constitution ne lui a pas concédé celui d'abolir les poursuites judiciaires. Il ne peut pas se mettre au-dessus de la loi. Ce n'est qu'après un jugement définitif qu'il peut exercer sa faculté.

L'énergique décision de la chambre a eu pour effet de faire justice du système d'immoralité, tendant à faire étouffer chez le peuple le sentiment du patriotisme. On a relevé le sentiment national, remis en honneur, pur de toute souillure, le drapeau de 1830, rendu leur empire aux principes de loyauté et de fidélité répudiés par le ministère De Theux.

Le nouveau ministère, comprendra-t-il tout ce que sa mission lui impose dans l'intérêt général du pays ? Ou voudra-t-il le mystifier, comme la plupart des ministères monarchiques ?

Coopérera-t-il à amener une réforme électorale, si généralement nécessaire pour un meilleur régime représentatif?

Anéantira-t-il le despotisme bureaucratique?

Mettra-t-il un terme à toutes les œuvres d'iniquités, de lâchetés, de perfidies et de lèze-humanité ?

La tâche du nouveau cabinet est belle : il

peut déraciner les abus, et faire marcher la Belgique dans l'ornière du véritable progrès. Qu'il y entre !

Alors, et alors seulement, une douce et légitime satisfaction rentrera dans le cœur des Belges, et le pouvoir sera respecté et fort par sa conduite loyale et consciencieuse.

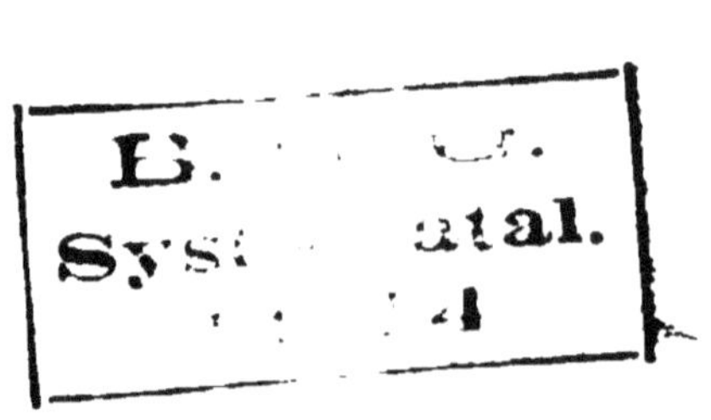

www.ingramcontent.com/pod-product-compliance
Lightning Source LLC
LaVergne TN
LVHW061944220826
846091LV00011B/4075

* 9 7 8 1 2 4 9 6 2 5 2 4 7 *